CATALOGUE
DES MANUSCRITS

DE

LA BIBLIOTHÈQUE
DU SÉMINAIRE D'AUTUN

EXTRAIT DU 1ᵉʳ VOLUME

DU CATALOGUE GÉNÉRAL DES MANUSCRITS
DES BIBLIOTHÈQUES DES VILLES DE FRANCE

PARIS
IMPRIMERIE ROYALE

1846

CATALOGUE GÉNÉRAL

DES

MANUSCRITS

DES BIBLIOTHÈQUES PUBLIQUES

DES DÉPARTEMENTS

———

TOME PREMIER

CATALOGUE
DES MANUSCRITS

DE

LA BIBLIOTHÈQUE

DU SÉMINAIRE D'AUTUN

RÉDIGÉ

PAR M. LIBRI

MEMBRE DE L'INSTITUT

ET PUBLIÉ SOUS LA DIRECTION DE LA COMMISSION
DU CATALOGUE GÉNÉRAL DES MANUSCRITS

PARIS
IMPRIMERIE ROYALE

M DCCC XLVI

AVERTISSEMENT.

Déjà célèbre du temps des Romains par ses écoles si florissantes et si souvent citées; se relevant une des premières après les invasions des barbares dans les Gaules; riche de ses souvenirs et des restes précieux de l'antiquité, la capitale des Éduens a semblé devoir figurer à la tête d'un recueil dans lequel, à défaut d'une classification qui aurait entraîné de trop longs retards, l'ancienneté des manuscrits devenait naturellement un motif de préférence. Les volumes dont on va lire la description ont appartenu presque tous aux différents établissements ecclésiastiques de la ville d'Autun, et surtout à la bibliothèque du chapitre. Ils devinrent propriété nationale, vers la fin du siècle dernier, et le gouvernement les a laissés en dépôt au séminaire d'Autun, où, grâce à la parfaite obligeance des supérieurs de cet établissement, nous avons pu les examiner à loisir [1].

C'est de la bibliothèque de la cathédrale que proviennent les plus anciens de ces manuscrits. Ils y avaient été déposés par plusieurs évêques d'Autun, au premier rang desquels il faut placer Walterius, qui florissait vers la fin du xe siècle, et dont le nom se lit encore sur quelques volumes. Walterius doit être considéré comme le véritable fondateur de la bibliothèque du chapitre. Un manuscrit [2] contemporain donne la liste, fort incomplète à la vérité, des ouvrages que cet ami zélé des lettres avait, suivant la formule alors en usage, offerts à saint Nazaire, patron de l'ancienne cathédrale.

---

[1] Il y a aussi une bibliothèque publique à Autun; mais, dans cette bibliothèque où l'on a dit autrefois qu'il existait plusieurs manuscrits sur vélin, nous n'avons trouvé actuellement que deux recueils sur papier, tous les deux du xviiie siècle, et qui n'ont aucune importance. Le premier porte le n° 215; il contient un Choix de poésies françaises, en six vol. in-4°; le second est une Correspondance politique d'Utrecht, etc. de 1713 à 1715, en un volume in-folio.

[2] C'est le n° 22 du catalogue placé à la suite de cet Avertissement.

Enrichie successivement par le cardinal Rolin, par Jacques Hurault, qui fut, au commencement du xvie siècle, ambassadeur du roi de France auprès de la république de Florence, et par d'autres évêques, cette collection s'accrut encore par le legs que, peu de temps après, lui fit de ses livres le chanoine Guillaud. Hurault la transféra de la basilique de Saint-Nazaire à l'église de Saint-Lazare, nouvelle cathédrale, et c'est là que plus tard elle attira l'attention de dom Martène, qui l'examina avec soin et qui, dans sa relation du Voyage littéraire de deux religieux Bénédictins, déclara qu'il y avait dans cette bibliothèque des manuscrits aussi anciens qu'en aucune autre cathédrale de France. Elle arriva presque intacte jusqu'à la révolution; et, malgré les dangers qu'elle dut courir à cette époque de bouleversement, ce n'est pas alors qu'elle a éprouvé les pertes les plus considérables. C'est seulement dans les premières années de la Restauration que deux livres d'un prix inestimable, un Horace et un Virgile très-anciens, qui faisaient partie de la bibliothèque du séminaire d'Autun, et qui brillaient parmi les manuscrits les plus précieux qu'il y eût en France, ont disparu. On ignore les circonstances de cette perte si regrettable; cependant, parmi les versions que nous avons recueillies dans le pays, la plus accréditée est que ces livres furent, sur de puissantes recommandations, confiés à une personne dont le nom est resté inconnu, et qui ne les a jamais restitués. Quoi qu'il en soit, il n'est guère présumable que des manuscrits de cette importance aient été détruits. Ajoutons qu'ils n'ont figuré dans aucune vente, et qu'on peut affirmer qu'aucune des grandes bibliothèques de l'Europe n'en a fait l'acquisition[1]. Il faut espérer que nos regrets, exprimés publiquement, presque officiellement même, pourront amener la découverte de ces manuscrits si précieux.

Avant la révolution, la bibliothèque de la cathédrale d'Autun avait déjà essuyé une grande perte. Des notes que nous avons lues au séminaire prouvent que, dans le siècle dernier, M. de la Roquette, évêque d'Autun, ayant emprunté à cette bibliothèque un manuscrit

[1] En 1804, Millin a vu à Autun le manuscrit d'Horace. M. Hænel, qui parle de ces deux manuscrits d'après des témoins oculaires, dit que l'Horace était du vi^e siècle et le Virgile du siècle suivant, et il ajoute qu'ils étaient tous deux complets. (Voyez Millin, *Voyage*, tom. I, pap. 328; et Hænel, *Catalogi*, col. 61.)

en lettres d'or, contenant l'ouvrage *De schismate donatistarum*, par saint Optat, évêque de Milève, en fit cadeau au coadjuteur de Reims. On ignore ce que ce riche volume a pu devenir [1].

Malgré ces pertes qui, comme l'attestent les fréquentes lacunes qu'on rencontre dans les numéros d'ordre des manuscrits, ne sont pas les seules qu'elle ait éprouvées, la bibliothèque du séminaire d'Autun mérite, à plus d'un titre, de fixer l'attention des érudits. Il serait difficile, en effet, de rencontrer ailleurs, dans un nombre si restreint de volumes, autant de manuscrits remarquables sous le rapport de la paléographie, de l'histoire littéraire et de l'histoire des arts. Les deux évangéliaires en lettres onciales qu'on y voit d'abord [2], excitent l'intérêt, non-seulement à cause de leur antiquité, mais aussi par les grandes miniatures dont ils sont ornés, et qui donnent une idée bien frappante de l'état de barbarie dans lequel étaient tombés les arts en Occident avant l'avénement de Charlemagne. Le premier de ces deux évangéliaires se recommande aussi à cause de la date qu'il porte; car on sait que les manuscrits en lettres onciales et datés sont fort rares. La note si naïve, si touchante même, bien que si grossière, par laquelle le copiste Gundohinus nous annonce qu'il a écrit ce volume à la prière d'une femme et d'un moine, sera lue avec intérêt. Plusieurs autres manuscrits [3], antérieurs à Charlemagne, se distinguent par la beauté des caractères, comme par une orthographe singulière, souvent barbare, et que, suivant l'exemple des plus illustres maîtres, nous nous sommes fait un devoir de reproduire fidèlement. Cette orthographe présente des particularités qu'on rencontre aussi dans les inscriptions découvertes à Autun, et qui tiennent peut-être à la manière dont les Éduens prononçaient le latin. Deux des volumes que nous venons de citer sont palimpsestes, et l'un d'eux paraît offrir, dans les traces des caractères qui ont été effacés, un nouvel exemple de cette écriture minuscule romaine qu'on ne rencontre que bien rarement. Parmi les manuscrits

---

[1] Millin annonce que ce manuscrit a passé à la Bibliothèque royale. (Millin, *Voyage*, tom. I, p. 332.) D'après les renseignements qui nous ont été donnés obligeamment par MM. les conservateurs de ce grand établissement, il paraît qu'une telle assertion est tout à fait inexacte.

[2] Voyez les numéros 3 et 4.

[3] Ce sont les numéros 20, 21, 23, 24, 27, 107.

postérieurs à Charlemagne, nous n'en citerons que deux [1], un Sacramentaire et un Priscien. Le Sacramentaire, du IXe siècle, est exécuté
avec une rare perfection calligraphique et contient des miniatures
d'une délicatesse merveilleuse. Nous n'avons jamais vu aucun autre
manuscrit aussi propre à témoigner du degré de perfection auquel
étaient arrivés certains arts, en France, au IXe siècle. Un ancien
commentaire, qui accompagne le Priscien, renferme un très-grand
nombre de mots écrits en notes tironiennes et mérite d'être remarqué.
A l'aide des renvois qui se reproduisent d'une manière régulière, et
d'après d'autres particularités qu'offre ce volume, il paraît pouvoir
servir à enrichir les alphabets tironiens déjà connus.

Quelque soin que l'on puisse apporter dans la rédaction de ces
sortes d'ouvrages, on comprend que la publication d'un catalogue rai-
sonné, fait d'après des notes prises depuis longtemps, et sans qu'au mo-
ment de l'impression il soit possible d'avoir les manuscrits sous les
yeux, présente de très-grandes difficultés. C'est là, pourtant, une con-
dition nécessaire à laquelle il a fallu se soumettre, tout en sentant l'im-
possibilité d'éviter complétement les inadvertances et les omissions
que doit entraîner le défaut de moyens de vérification. Heureuse-
ment M. le chanoine de Voucoux a eu la bonté de nous adresser
d'Autun quelques notes supplémentaires. Nous nous empressons de
l'en remercier ici, et d'offrir en même temps l'expression de notre
reconnaissance à MM. Victor Le Clerc, Hase et Reinaud, membres
de la commission du Catalogue général des manuscrits, qui ont bien
voulu lire ce catalogue et l'enrichir de savantes remarques. Cependant, nous le répétons, rien ne saurait suppléer à l'absence des manuscrits. Les volumes qui, en petit nombre, composent ce catalogue
suffiraient déjà pour démontrer, comme nous l'avons dit ailleurs [2],
que les provinces de France sont aussi riches en monuments littéraires
d'un haut intérêt, que les provinces de certains pays, dont les érudits
visitent avec empressement les bibliothèques.

G. LIBRI.

---

[1] Les numéros 19 *bis* et 40. — [2] Voyez le Journal des Savants, janvier 1842, p. 55.

LISTE

ÉDITIONS CITÉES DANS LE CATALOGUE DES MANUSCRITS

DU SÉMINAIRE D'AUTUN.

ALCUINI (*Beati Flacci Albini, seu*) *Opera.* — Ratisbonæ, 1777; 2 tom. en 4 vol. in-fol.

Evangelium quadruplex latinæ versionis antiquæ, seu veteris italicæ, a Josepho Blanchino. — Romæ, 1749; 4 vol. in-fol.

FABRICII (*J. Alb.*) *Bibliotheca latina mediæ et infimæ ætatis, aucta a J. Mansi.* — Patavii, 1754; 6 vol. in-4°.

FANTUZZI, *Scrittori bolognesi.* — Bologna, 1781-1794; 9 vol. in-fol.

Gallia christiana. — Parisiis, 1715-1785; 13 vol. in-fol.

HÆNEL, *Catalogi librorum manuscriptorum.* — Lipsiæ, 1830; in-4°.

Histoire littéraire de la France. — Paris, 1733-1842; 20 vol. in-4°.

JOURDAIN, *Recherches critiques sur l'âge et l'origine des traductions latines d'Aristote.* — Paris, 1819; in-8°.

MARTENE, *Thesaurus novus anecdotorum.* — Lutetiæ Parisiorum, 1717; 5 vol. in-fol.

MAZZUCHELLI, *gli scrittori d'Italia.* — Brescia, 1753-1763; 2 tomes en 6 vol. in-fol.

MILLIN, *Voyage dans les départements du midi de la France.* — Paris, 1807; 5 vol. in-8°, avec atlas.

MURATORI, *Antiquitates italicæ medii ævi.* — Mediolani, 1738-1742; 6 vol. in-fol.

Nouveau traité de Diplomatique, par deux religieux Bénédictins. — Paris, 1750-1765; 6 vol. in-4°.

LISTE DES ÉDITIONS CITÉES.

Pamelii Missale SS. Patrum latinorum. — Coloniæ, 1610; 2 vol. in-4°.

Quétif et Echard, Scriptores ordinis Prædicatorum. — Parisiis, 1719-1721; 2 vol. in-fol.

Sarti, De claris archigymnasii Bononiensis professoribus. — Bononiæ, 1769-1772; 2 vol. in-fol.

Voyage littéraire de deux religieux Bénédictins de la Congrégation de Saint-Maur. — Paris, 1717-1724; 2 vol. in-4°.

MANUSCRITS

DE

LA BIBLIOTHÈQUE

DU SÉMINAIRE D'AUTUN.

Nº 2. Grand in-4° oblong. – (Textus prophetarum.) — IX-Xᵉ SIÈCLE.

> Ce manuscrit, incomplet, se termine au commencement de « Aggeus pro-
> pheta. » Au milieu du premier cahier on a placé une bande de parchemin pour
> renforcer les coutures; elle contient un fragment d'un registre de redevances
> de l'église d'Autun. Dans ce fragment, qui paraît de la première moitié du
> xiᵉ siècle, on lit différents noms en latin, entre autres *La Cella,* avec l'article.

3. Petit in-folio carré sur vélin. – « In nom. Sc̄ Trinitates in-
« cipiun. canonis vel prolog. libri hujus evangelii. » – « Com-
« mentatio ponderum omnium. » — Incipit : « Talentum cxxv
« libras. » – « Ratio annorum ab Adam usq; ad X͞pm. » – « Ex-
« cerpta de libro Sc̄i Hieronimi prb̄tri. » – « Excerpta de libro
« Sc̄i prb̄tri Hyeronimi ad papam Gaudentiū de his qui fal-
« savit Eusebium emisinus et de quibus calumniatur. » –
« Eplecit prefatio incepet prologus. » – « Eplecet prologus
« inc͞pt canonis. – « Excerpta ex libro Sc̄ Hieronimi cuius est

« supra. » — « Quatuor evangelia. » — « Eplecit S͞c Johannis
« liber novissemus. » —— VIII° SIÈCLE.

Ce manuscrit très-important est écrit en lettres onciales ; il contient quelques
annotations marginales en caractères mérovingiens. Les initiales, de différentes
couleurs, sont zoomorphiques ; les titres sont en capitales carrées. Le vélin est
fort épais ; plusieurs feuillets manquent. Il y a au commencement une page
avec des miniatures extrêmement grossières, qui représentent Jésus-Christ au
milieu de deux anges, appelés *cyrubin* dans le manuscrit ; autour sont quatre
médaillons portant les attributs des quatre évangélistes. Jésus-Christ est sans
barbe ; il n'a pas la physionomie qui a été adoptée depuis comme type. A la
fin on voit les figures des quatre évangélistes en pied ; elles occupent chacune
une page et sont aussi informes que la première miniature. Une des choses qui
donnent le plus de prix à ce manuscrit, c'est qu'il est daté et qu'il porte le
nom du copiste *Gundohinus*. Il est de la troisième année du règne de Pepin,
c'est-à-dire de l'an 754, comme on le verra par la souscription qu'on va lire.
L'orthographe est barbare : nous nous sommes appliqué à la reproduire exactement dans le titre ainsi que dans la note qui suit. Les chiffres sont en lettres
romaines capitales ou minuscules. Chaque Évangile est précédé d'un *capitula-
rium* et d'un *brevis* ou *breviarium* par chapitres. A la fin on lit cette curieuse
note en caractères mérovingiens : « In no͞m S͞ce trinitatis alme matris familiæ
« fausta sup͠no amore accinsa hoc opus optim͞u in honore sci johannis et s͞cæ
« mariæ mater d͠ni nostri ih͞u x͞pi patrare rogavit devote Ego hac re inperitus
« gundohinus poscente fulculfo monacho et si non ut dibui p̄ saltim ut valui a
« capite usque ad sui consum̄acionis fenem p̄ fecere cum summo curavi amore
« magis volui meam detegire inprudentia quam suis renuere petitionibus per
« inobediencia sicut in pelago quis positus desideratus est porto ita et scriptore
« novisseœs versus. Queso orate pro me scriptore inperito et peccatore si d͞o
« habiatis propitio et adiutore. Et aliquid mihi deregetis in vestra visitatione
« ut melius commemorem vestrum nomen gaudente in d͠no semper fo͞rase
« (fortasse?) qui legitis. Scilicet patravi vosevio (?) in minse iulio anno tertio
« regnante gloriosissemo domino nostro pippino rege qui regnet in ævis et
« hic et in æternum amen. » Comme nous venons de le dire, le corps de
l'ouvrage est en lettres onciales, et la souscription en caractères mérovingiens.
C'est là une nouvelle preuve à l'appui de ce qu'on a souvent remarqué sur
l'emploi des anciens caractères, dans la liturgie et dans les livres saints, par
des écrivains qui avaient cessé d'employer habituellement ces caractères. Pa-
reille chose est arrivée pour l'écriture gothique : on trouve assez fréquem-
ment des manuscrits de liturgie du XVII° et du XVIII° siècle, en caractères go-

thiques. Ce volume est cité dans le Voyage littéraire de deux religieux Bénédictins (tom. I, part. 1ᵉ, p. 151).

N° 4. Petit in-folio sur vélin. – (Quatuor evangelia cum præfationibus.) — VIIIᵉ SIÈCLE.

Ce manuscrit incomplet, en lettres onciales, est mieux écrit et semble plus ancien que le volume précédent : l'orthographe aussi est moins mauvaise. Les préfaces et les canons sont en écriture mérovingienne. Les canons sont séparés et encadrés dans des espèces de colonnes coloriées et surmontées d'arcades. Il y a très-peu d'abréviations dans le texte. Le commencement de l'Évangile de saint Matthieu est noté en musique ancienne. A la marge du chapitre troisième de l'Évangile de saint Marc on lit le nom d'*Eldradus*. Les gardes contiennent des psaumes en minuscule caroline avec la musique notée. Cet évangéliaire, qui est mentionné dans le Voyage littéraire de deux religieux Bénédictins (tom. I, part. 1ᵉ, p. 151), contient quelques figures plus petites et moins grossières que celles qu'on voit dans le manuscrit précédent.

5. In-folio sur vélin. – (Textus quatuor Evangeliorum, cum præfationibus sancti Hieronymi et indice lectionum Evangelii per annum.) — IXᵉ SIÈCLE.

Dans ce manuscrit, d'écriture minuscule, les canons sont, comme dans le volume précédent, entourés et encadrés par des colonnades. Le commencement de l'Évangile de saint Matthieu est en grandes lettres : les premières lignes sont alternativement noires et oranges. Sur les gardes, on trouve *nomina episcoporum ecclesie Lucdunensis*, d'une écriture qui paraît du xᵉ siècle. Les deux derniers évêques cités sont *Agobardus* et *Amolo*. On prétend que ce volume a appartenu à *Amolon*. A la fin du prologue de saint Matthieu, il y a une note marginale d'une écriture cursive très-singulière.

6. In-folio sur vélin. – (Evangelia et epistolæ per annum.) — Xᵉ SIÈCLE.

Ce manuscrit, de plusieurs mains, est incomplet au commencement et à la fin : en outre il a été rongé par les souris.

6 A. In-4° sur vélin. (Recueil.) – 1° Proverbia. – 2° Ecclesiastes. – 3° Cantica canticorum. – 4° Liber sapientie. – 5° Ec-

clesiasticus. – 6° « Incipit tractatus Remigii monachi in can-
« ticum canticorum. » – Incipit: « Osculetur me osculo oris
« sui. Salomon inspiratus composuit hunc libellum de nup-
« tiis Christi et Ecclesiæ. » — Desinit : « Fiat fiat gratia divina
« donante. » — 7° Passio S. Jacobi. – 8° Adventus acceptioque
corporis beatissimi Pat. Benedicti in agro Floriacensi. –
9° Passio S. Bartholemei apostoli. – 10° Passio S. Thome
apostoli. — XIᵉ SIÈCLE.

> Plusieurs de ces ouvrages sont incomplets. Le traité de Remi (d'Auxerre) a
> paru sous le nom d'Haimon d'Halberstat. (Voyez l'Histoire littéraire de la France,
> tome VI, p. 106-107.) Ce manuscrit est de diverses mains.

Nº 7. In-folio sur vélin. – (Homiliæ in evangelia.) – Incipit : « Evan-
« gelicæ hujus lectionis intellectus superiori narrationi he-
« rere videtur. » – Desinit : « Ecce ego mitto ad vos prophetas
« et reliqua. » — Xᵉ SIÈCLE.

> Ce volume est de plusieurs mains; il est incomplet au commencement et
> à la fin.

7 bis. In-folio sur vélin. – 1° Lectionarium æduense. – 2° Vita
S. Hilarii. — XIIIᵉ SIÈCLE.

> On y lit cette note : « Ex dono D. Gauthier episcopi æduensis. »

8. In-folio sur vélin. – Psalterium æduense. — XVᵉ SIÈCLE.

8ˈ. In-folio sur vélin. – Missale romanum. — XIIIᵉ-XIVᵉ SIÈCLE.

> Incomplet au commencement et à la fin.

9. Petit in-folio sur vélin. – Collectarium æduense. — XIIᵉ-
XIIIᵉ SIÈCLE.

11. In-4° sur vélin. – (Antiphonarium cum cantu.) —
XIIᵉ SIÈCLE.

> La musique est notée et réglée. Ce manuscrit est incomplet à la fin.

N° 13. In-folio sur vélin. – (Anonymi explanatio Isaiæ pro-
phetæ.) – Incipit (præfatio) : « Isaias propheta nobili pro-
« sapia ortus. » – Incipit (explanatio) : « Visio Isaiæ filii Amos,
« quam vidit super Iudam et Ierusalem in dieb. Otie, Ioa-
« tam, Acaz et Ezechie regum Iuda. » – Desinit : « Quia non
« gaudebunt de reproborum dapnatione, sed de sua. » —
Xᵉ SIÈCLE.

Ce manuscrit a appartenu à Saint-Lazare et Saint-Nazaire d'Autun. (Voyez
le Voyage littéraire de deux religieux Bénédictins, tom I, part. 1ʳᵉ, p. 156.)

15. In-folio sur vélin. – S. Augustini sermones de verbis Domini. — IXᵉ-Xᵉ SIÈCLE.

L'écriture est de plusieurs mains ; ce volume provient de Saint-Nazaire
d'Autun. Une main moderne y a écrit : *Ex dono Walterii.*

16. In-folio sur vélin. – S. Augustini de civitate Dei (IX libri
tantum priores). — IXᵉ-Xᵉ SIÈCLE.

Manuscrit en minuscule caroline, et fort beau.

17. In-4° sur vélin. – Liber Sci Hieronimi in Danielem pro-
phetam. — IXᵉ SIÈCLE.

Ce volume, écrit en minuscule caroline, contient des annotations plus
modernes : il est incomplet à la fin.

17 A. In-4° sur vélin. – (Epistolæ et opuscula S. Hieronymi.) —
Xᵉ SIÈCLE.

Ce manuscrit, de différentes mains, est en minuscule caroline ; il porte
ces mots : *ex dono Walterii.*

19. Petit in-folio sur vélin. – (Parabolæ Salomonis, et ceteri
quatuor libri morales cum præfationibus Sᵗⁱ Hieronymi et
notis marginalibus.) — IXᵉ – Xᵉ SIÈCLE.

Il manque à ce volume et à plusieurs autres de la même bibliothèque une portion des marges, qui ont été coupées par bandes. A-t-on enlevé ces bandes pour faire des espèces de *brevets* ou amulettes? C'est du moins ce que l'on faisait au Mont-Cassin, lorsque Boccace alla visiter ce couvent. (Voyez Muratori, *Antiquitates,* tom. I, col. 1298.) On lit sur les gardes le nom de *Gunitberto.* Le manuscrit est incomplet.

No° 19 *bis.* In-folio sur vélin. – (Sacramentorum liber S. Gregorii papæ.) —IXe SIÈCLE.

Magnifique manuscrit enrichi de miniatures, d'encadrements et de lettres d'or et de différentes couleurs. Il est parlé de ce volume dans le Voyage littéraire de deux religieux Bénédictins (tom. I, partie 1re, p. 151 et suiv.); mais les figures qu'on a reproduites dans cet ouvrage manquent de vérité, et n'ont pas la finesse des miniatures de cet admirable volume, qui nous semble destiné à jeter un nouveau jour sur l'histoire des arts au ixe siècle. Le commencement du livre est écrit en capitales d'or. Au-dessus de la première figure gravée dans le Voyage littéraire, page 153 (cette figure, en deux compartiments, occupe toute la page), on lit des vers que dom Martène a déjà donnés :

> Pontificū ē propriū conferre per ordinē honores
> Quos qui suscipiunt studeant servare pudice.
>
> Pontifices caveant Dñi ne mystica vendant
> Cumque gradus dederint videant ne munera sumant.

Dans ce manuscrit, S. Grégoire est peint en pied, en or et en couleur sur un fond vert, encadré dans un rectangle pourpre avec une bordure en or. Le portrait est accompagné de ces quatre vers :

> Gregorii hoc opus est mundi per climata noti
>   Doctoris magni presulis egregii.
>
> Qui quod composuit Dñm exaudire precetur
>   Ne labor hic noster tendat ad esse nihil.

On remarque dans quelques pages différentes lignes en très-grandes lettres en or ou en couleur sur un fond pourpre. Plusieurs médaillons sont exécutés avec une extrême délicatesse. Un de ces médaillons représente la *Cène:* on y voit l'hostie à droite, et à gauche un poisson. Dans le médaillon où *Raganaldus abbas* donne la bénédiction au peuple, médaillon que dom Martène a reproduit, les rangées des figures sont plus écartées que ne le ferait croire la gravure du Voyage littéraire : l'original est entouré de quatre autres petits médaillons où sont représentées les quatre vertus théologales en or sur un fond bleu foncé. L'argent a généralement disparu des miniatures; l'or s'est conservé.

Nous n'avons rien pu trouver de bien positif au sujet de cet abbé Raganaldus, pour lequel le volume paraît avoir été exécuté. Ce manuscrit est très-important pour l'histoire de la liturgie. On y rencontre des mots grecs dans la liturgie latine : par exemple, *pisteusis* pour *credo*. On sait que dans d'autres textes le *credo* est appelé *pisteugis*. Voyez au sujet du *Liber sacramentorum* le *Missale* de Pamelius (tom. II; p. 177).

N° 19 A. Petit in-folio sur vélin. – Expositiones libri Genesis ex diversis patribus. — IXe–Xe SIÈCLE.

20. In-4° oblong sur vélin. – « 1° Incipit liber de allegorū (*sic*) « (dialogorum) Gregorii papæ. » – « 2° S. Augustini enchiri- « dion de fide et spem (*sic*) et caritate. » — VIIIe SIÈCLE.

L'orthographe de ce manuscrit, en caractères mérovingiens, est tout à fait barbare. L'écriture paraît être du commencement du VIIIe siècle. Ce volume a beaucoup d'importance, parce qu'il concourt par son antiquité à établir que ces Dialogues ne sont pas, comme on l'a quelquefois supposé, d'un auteur plus moderne. Il est question de ce manuscrit dans le Voyage littéraire de deux religieux Bénédictins (tom. I, part 1re, p. 151). L'*Enchiridion* est incomplet à la fin.

20 A. In-folio oblong sur vélin. – « Cassiodori senatoris exigui « servi dei iam dño prestante conversi incipit exposicio « psalmorum. » — VIIIe SIÈCLE.

Ce manuscrit, également en caractères mérovingiens, semble moins ancien que le précédent. Il commence au psaume CI, et paraît avoir beaucoup de rapport avec un autre texte du même ouvrage qui a appartenu au président Bouhier (C. 26 in-folio) et qui se trouve actuellement dans la bibliothèque de Troyes.

20 B. In-4° sur papier. – (Histoire de l'ancien et du nouveau Testament en français.) — XVe SIÈCLE.

Incomplet. Ce volume, sans titre, commence ainsi : « Et Moyses dit aux « deux anchanteurs le mien Dieu est sans per et fet toute chose, » et il porte à la fin les deux notes suivantes : « Qui scripsit scribat. Semper cum Deo « vivat : Estienne de Vaux. » — « Pellissier m'a vendu le present livre en l'an « mil IIII^c IIII^xx et VI. Maton... Patom. »

N° 21. In-4° oblong sur vélin.−(S. Gregorii papæ expositio moralis in librum Job.) — VIIIe SIÈCLE.

Ce manuscrit mérovingien, incomplet au commencement, au milieu et à
la fin, ne contient que les cinq premiers livres de ce commentaire. Il est en
partie palimpseste. Les anciens caractères sont en lettres onciales, et paraissent
remonter au VIe siècle. L'ouvrage, qu'on a gratté, semble contenir la version
italique de l'Évangile. On sait qu'une telle version, publiée par Joseph Bian-
chini, à Rome, en 1749, fut abandonnée de bonne heure. Ce volume est
cité dans le Voyage littéraire de deux religieux Bénédictins (tom. I, part. 1re,
p. 155). Dom Martène n'avait pas remarqué que ce manuscrit est palimpseste.

21 bis. In-folio sur vélin.−Baysius super decretum.−Incipit :
« Reverendo in Christo patri suo Gernido Dei gratia epis-
« cop. Sabinens. Guido de Baysio Bononiensis archidiaconus
« suus clericus et capellanus. » — XIVe-XVe SIÈCLE.

Il y a dans ce livre, avec de petites vignettes, une initiale ornée qui représente un jeune homme à genoux devant un évêque, et tenant un volume
qu'un docteur ou chapelain présente avec lui au prélat. Gui de Baisio, ou de
Baifio, natif de Reggio en Lombardie, fut, au treizième siècle, un des plus
célèbres canonistes de l'école de Bologne. Son commentaire sur le Décret a
été plusieurs fois imprimé sous le titre de *Rosarium*. (Voyez Mazzuchelli, *gli
Scrittori d'Italia*, tom. II, part. 1re, p. 72.) A la fin du premier livre on lit :
« Johannes de Suttone scripsit hunc librum nuncupatum archidiaconi..... et
« est fidelis scriptor Oxoniæ, etc. »

22. In-folio sur vélin. − (S. Gregorii papæ expositio moralis
in Job.) — X^e-XIe SIÈCLE.

Ce manuscrit contient beaucoup d'abréviations : il renferme les dix premiers livres seulement de ce commentaire. Après l'*explicit* du dixième livre
on lit ce qui suit : « Hunc librum cum cæteris moralium qui sequuntur dedit
« Beato Nazario suus pontifex Walterius. Contulit etiam ille omnes codices quos
« ipse aut plures scribi fecit aut nonnullos dono acquisivit, quorum quoque
« numerus hic annotantur et tituli. Horum autem quemlibet si quis ab hujus
« loci jure quocumque modo subtraxerit, ultione anathematis, donec restituet,
« percussum se noverit. — Hinc et alios de moralibus. — Duo Homilias Gregorii
« super Ezechiel. — Augustini de Confessione. — Augustini de verbis Domini.

« — Expositiones super libros Regum. — Daniel et Eschie. — Bœtium de con-
« solatione philosophyæ. — Duos epistolarum Hieronimi. — Duos quoque de
« canonibus. In expositione librorum Salomonis Parabolarum videlicet Eccle-
« siastes et Can..... » La suite de ce catalogue manque. Walterius a occupé le
siége épiscopal d'Autun de l'an 977 à l'an 1023. Dans le *Gallia christiana*
(tom. IV, col. 376-379), il est parlé du zèle de Walterius pour les bonnes
mœurs et pour la réforme de la discipline ecclésiastique.

N° 23. In-4° oblong sur vélin. — 1° (Isidori hispalensis libri tres
sententiarum.) – 2° (Excerpta sententiarum S. Gregorii
papæ de virtutibus et vitiis.) — VIII° SIÈCLE.

Ce manuscrit, en caractères mérovingiens, est écrit sur un parchemin assez
épais. L'orthographe en est fort singulière : on y trouve souvent le *b* pour le *p*
(par exemple *scribtura* pour *scriptura*), ce qu'on voit aussi dans quelques
inscriptions découvertes à Autun. A la marge d'un feuillet du troisième livre
du traité d'Isidore, on lit le nom de *Maimbertus*. Le premier ouvrage est
anonyme et incomplet; il y manque, presque en entier, les dix premiers
chapitres du premier livre. On reconnaît cependant que ce traité, qui a
été imprimé, est d'Isidore. Pour le prouver, il suffira de citer le passage suivant, tiré du chapitre *De libris gentilium*, qui fait partie du troisième livre :
« Poetæ ideo in libris suis Venerem impudicam Martemque adulterum deos
« appellare voluerunt ut persuaderent mentes hominum quasi deos imitare
« in malum ut dum libidines a persuasione ad instar eorum flagitia confiden-
« ter committunt non quasi homines perditos sed quasi celestes deos imitare
« viderentur. Ideo proibetur christianis figmenta legere poetarum...... in lectione
« non verba sed veritas amanda. »

24. Petit in-4° sur vélin. — (Joannes Cassianus de capitalibus
vitiis, sive institutionum liber quintus et sequentes.) —
VII° SIÈCLE.

Une note, qui paraît remonter au Voyage des Bénédictins, annonce que ce
manuscrit a onze cents ans. Dans une carte qui sert de titre, on le dit du
VII° siècle. L'écriture est une demi-onciale mérovingienne; les mots sont
rarement séparés; le vélin est inégal dans son épaisseur. Quelques feuillets
du vélin le plus fin sont palimpsestes; d'autres ne sont écrits que d'un seul
côté. Le volume porte des notes marginales en minuscule caroline et en écriture mérovingienne, avec de la musique d'ancienne notation. On y lit ces

mots, *Alleluia, Ostende alleluia; Fulgida alleluia; Hieronimi alleluia; Sirena alleluia*, pour titres de diverses notations musicales qu'on a écrites sur une page de vélin laissée en blanc par le copiste. Les cahiers sont numérotés; le seizième est palimpseste. Il est difficile de distinguer l'ancienne écriture, qui paraît être cependant une minuscule ou une onciale fort petite. Toute trace d'encre a disparu, et il ne reste qu'une marque très-fugitive du creux des lettres. On sait que les paléographes ont disputé beaucoup sur l'existence de l'ancienne minuscule : sans pouvoir servir à constater à lui seul un fait controversé, ce manuscrit doit être cité comme une nouvelle preuve à l'appui de la savante opinion des Bénédictins, qui ont établi par de nombreux arguments l'existence de l'écriture minuscule à une époque fort reculée. (Voyez le Nouveau Traité de Diplomatique, tom. III, p. 25 et suiv.) Les anciennes lignes sont beaucoup plus rapprochées que les lignes de l'écriture actuelle (voyez aussi le quatorzième cahier). Ce même seizième cahier porte à la marge ces mots (du xᵉ-xıᵉ siècle, en latin barbare) : *Memorum Sıe Benignis;* ce qui ferait croire que ce manuscrit a appartenu autrefois à Saint-Bénigne d'Autun, église très-ancienne. Il n'y a presque pas d'abréviations dans ce volume; on y trouve pourtant l'ɴ lié au ᴛ, sᴘᴜ pour sᴘɪʀɪᴛᴜ, etc. Excepté dans les feuillets palimpsestes, ce manuscrit n'est pas réglé, tandis que les deux Évangéliaires (nᵒˢ 3 et 4) en onciales sont réglés, ainsi que les plus anciens manuscrits de ce dépôt, tels que les nᵒˢ 5, 23, etc. Celui qui nous occupe paraît plus ancien que les nᵒˢ 3 et 4 déjà cités; cependant l'onciale y est altérée, tandis qu'elle est pure dans les deux autres. Ce volume est cité dans le Voyage littéraire de deux religieux Bénédictins (tom. I, partie 1ʳᵉ, p. 151).

Nᵒ 27. In-4° sur vélin. — Honorii Augustodinensis (ut videtur) expositiones in Pentateuchum ex Isidoro juniore abbreviatæ. — VIIIᵉ SIÈCLE.

Sous ce titre, qui est moderne et fautif, puisque Honorius d'Autun vivait au xııᵉ siècle, se trouve une réunion de fragments écrits en différents caractères : en demi-onciale, et en cursive mérovingienne et lombardique. On ne sait si c'est là un seul ouvrage, ou si ces fragments appartiennent à plusieurs commentateurs. Le commentaire sur la Genèse (en caractères mérovingiens) commence ainsi : « Curiosa rerum gestarum que aligoreis sunt obtecta « figuris ex libris maiorum breviter excepta perstruximus. » Les Nombres (en petite onciale bâtarde) commencent par ces mots : « Ideo hic liber unus ex « quinque libris Moisi Numeri appellatus. » A la fin de la Genèse, on lit *Rodulf.* Le Voyage littéraire de deux religieux Bénédictins (tom. I, part. 1ʳᵉ,

p. 154) donne à cet ouvrage le titre d'exposition du Pentateuque tirée des passages de saint Augustin et saint Ambroise, de saint Jérôme, d'Origène, de saint Fulgence et de saint Grégoire : « Le caractère de ce manuscrit (ajou- « tent-ils) est de mille ans, mais l'ouvrage est du temps de saint Grégoire, « comme il paraît par ces mots du titre : « *Et nostri temporis Gregorio.* » Le titre que les Bénédictins citent ainsi n'existe plus ; le manuscrit a été mutilé après leur voyage, et il est à présent incomplet.

N° 28. In-4° sur vélin. – Expositio allegorica Bede presbiteri in Esdram et Nehemiam. — x^e SIÈCLE.

> Des fragments écrits sur les gardes paraissent avoir appartenu à un ancien passionnaire.

29. In - 4° oblong sur vélin. – (Bedæ expositio in Marci evangelium.) — x^e SIÈCLE.

> Incomplet.

29*. In-folio sur vélin. – Psalterium æduense. — xve SIÈCLE.

29 A. In-folio sur papier. – Lectionarium. — xviie SIÈCLE.

30. In-folio sur vélin. – (Bedæ expositio in Marci Evangelium.) — ixe-x^e SIÈCLE.

> Incomplet au commencement.

31. In-folio sur vélin. – (Flori Diaconi expositiones in omnes divi Pauli epistolas, exceptis ad Galatas et ad Titum.) – Incipit : « Ad Romanos Achornito (a Corintho) civitate me- « tropoli Achaiæ regionis Græcorum scribsit Apostolus « Romanis hanc epistolam. » – Desinit : « Gratiæ autem debe- « mus hic accipere fidem Christi cum ex sec. » — x^e SIÈCLE.

> Ce manuscrit est de plusieurs mains ; il contient beaucoup d'abréviations. L'ouvrage de Flore a été publié sous le nom de Bède, suivant Fabricius. (*Bibliotheca latina mediæ et infimæ ætatis,* tom. II, p. 63.)

2.

Nº 32. In-folio sur vélin.—Liber de proprietatibus rerum, auctore
Bartholomeo anglico ordinis prædicatorum. — xɪvᵉ sɪÈCLE.

On lit à la fin de cet ouvrage si souvent imprimé : « Hic liber fuit magī
« Iohnis de Bourbonio quond. canon. remensis : postea æduensis ecclesiæ de-
« cani 1330. »

33. In-folio sur vélin. (Recueil.) – Vita S. Viventii. – Sermo
D. Hieronymi ad Paulam et ad virgines sub eá degentes. –
Ejusdem alius sermo de Beata Maria. – Vita S. Germani
(cum versibus præcedentibus). – Memoriale miraculorum
Archangeli Michaelis. – Passio SS. Tiburti, Valeriani et
Ceciliæ. – Passio trium virginum, Spes, Fides, Caritas. –
Passio SS. Victoris et Corone. – Passio S. Adriani et socio-
rum eius. – Passio S. Marcelli. – Decii imperatoris persecutio
in Xños. – Passio Sᵉ Luciæ virginis. – Passio S. Clementis. –
Passio BB. MM. Cosme et Damiani. – Passio SS. MM. Cris-
santi et Darie. — xᵉ sɪÈCLE.

Ce manuscrit, dont l'orthographe est fort irrégulière, commence par un
feuillet où se trouvent, « Versus Beati Eugenii de brevitate huius vitæ. Versus Gatiscalci, » et des recettes de médecine. Il contient quelques annotations et additions plus modernes : il est incomplet à la fin.

34. In-4º sur vélin. (Recueil.) – (Vitæ et passiones sanc-
torum, scilicet) : Passio Beatorum Apostolorum Petri et
Pauli. – Passio S. Andree. – Passio S. Apollinaris. – Passio
S. Petri episcopi Alexandrini. – Passio SS. Mariani et Jacobi.
– Passio S. Sixti episcopi. – Passio S. Laurentii archidiaconi. –
Passio S. Ypoliti. – Passio S. Leocadie. – Passio S. Corneli
episcopi. – Passio S. Cypriani. – Passio S. Babile cum tribus
parvulis. – Passio S. Alexandri. – Passio S. Victoris. – Passio SS.
Romani et Barale et Ysicii. – Passio S. Marcelli. – Passio S. Ferre-
reoli. – Passio SS. trium geminorum Speusippi, Melasippi,

Elasippi. – Passio SS. Victorini, Victoris, Nicefori et Clau-
diani. – Passio S. Albani. – Passio S^e Chrispine. – Passio
S^e Agathes. – Passio S^e Lucie. – Passio S^e Afre. – Passio
S^e Agnes virginis. – Passio S^e Vilianæ virginis. – Passio S. Cle-
mentis martyris. – Passio S. Valentini presbiteri. – Passio
SS. Gervasi et Protasi. – Passio S. Columbe virginis. – Passio
S. Stephani protomartyris. — IXe-Xe SIÈCLE.

Au verso du catalogue des saints, que nous avons reproduit exactement,
on lit ces noms : « Abbo Decanus, Wilelmus, Stefanus. »

N° 35. In-4° sur vélin. (Recueil.) – 1° Passio S. Vincentii. – 2°
(Duplex vita S. Gregorii papæ.) – Incipit I^a vita : « Gregorius
« ab urbe romana patri Gordiaci. » – Incipit II^a vita : « Nichi-
« lominus ex libro qui a Græcis limon dicitur, a Latinis
« vero intelligitur campus aut pratum. » – 3° S. Gregorii
dialogorum libri IV. — XIIe SIÈCLE.

Ce manuscrit est de plusieurs mains. Le n° 1 est incomplet.

36. In-4° sur vélin. (Recueil.) – 1° (Alchuini de Fide SS.
Trinitatis.) – 2° (Questiones Alchuini necnon et Fredegisi
cum epistola nuncupatoria.) – 3° Alchuini epistola ad Eu-
laliam virgin. de ratione animæ. – 4° (Fragmenta legis
Salicæ.) – Incipit : « Si quis vero canem custodem domus
« sive curtis, qui die ligari solet ne damnum faciat, post
« solis occasum solutum furatus fuerit vel occiderit dctos
« (sexcentos) denr qui faciunt sold xv culp. iud. excep. cap.
« et delatura. Si vero canem pastorem furatus fuerit vel
« occiserit cxx denr qui faciunt sold. III culp. iud. except
« capitale et delatura. » – Desinit : « Si quis homo aliquem
« persequens fugitivum aut liberum. » — IXe-Xe SIÈCLE. –
5° Quæstiones Augustini de Scriptura. — XIe SIÈCLE.

Ce recueil est de différentes mains et de diverses époques. A la fin du n° 1

il y a une invocation latine en caractères grecs dont voici le commencement :
ω ΒΗΑΘΑ ΘΡΤΝΤΘΑC. (Voyez *Beati Flacci Albini seu Alcuini opera,* tom. II,
vol. Iᵉʳ, p. 702, 737 et 739, et tom. II, pars 1ᵃ, *opusc. liturg.* p. 146.) Dans
la loi Salique on doit remarquer l'abréviation dctos, qui n'est probablement
qu'une manière particulière d'écrire l'abréviation dcᵗᵒˢ ou ᴅᴄᵗᵒˢ. Ce manuscrit
est incomplet.

Nᵒ 38. In-8° carré sur vélin. — «Fortunati presbit. itali opera.»
— ɪxᵉ-xᵉ sɪècʟe. .

Ce manuscrit de Fortunat (ainsi que le Solin du numéro suivant) porte
une chaîne de fer attachée à la reliure en bois. Le texte ne semble pas très-
pur : il y a beaucoup de transpositions.

39. In-4° carré sur vélin. – 1° Incipit : «C. Iulii Solini sive
«grammatī polihistor ab ipso editūs et recognitus.» —
Desinit : «Solinus explicit feliciter. Studio et diligencia...
«Teodosii invictissimi fē principis feliciter prescriptus.
«C. Iulii Solini sive grammatici poliystor ab ipso editus
«et recognitus.» – 2° Libellus de vita et moribus impera-
«torum breviatus ex libris Sexti Aurelii Victorini» (a Cæsare
Augusto usque ad Theodosium.) – Desinit : «Tantum
«pudori tribuens et continentiæ.» — xɪᵉ sɪècʟe.

Ce manuscrit est de plusieurs mains. A la fin du Solin on lit une pièce de
vingt-deux vers ; elle commence ainsi :

Bithia marmoreo fecundam pandere ponto.

Le dernier vers est celui-ci :

Vos quoque qui resono colitis cava tempea cytia.

Ces vers ont été publiés plus corrects.

40. In-4° sur vélin. – Collectarium cum canone missæ. —
xɪɪᵉ sɪècʟe.

Incomplet.

40 *. In-folio carré sur vélin.–(Prisciani grammatici opera.)—

« Incipit præft Prisciani gramatici cæsariens. Iuliano con-
« suli ac patricio. » — IX⁰ SIÈCLE.

Magnifique manuscrit en minuscule caroline très-belle. A la fin on lit:
« Explicit liber XVI de coniunctione. » Il y a beaucoup d'annotations marginales du même siècle qui forment une espèce de commentaire perpétuel. On
trouve dans ces annotations, qui sont en très-petits caractères, de nombreuses
notes tironiennes. Comme les renvois se reproduisent avec une grande régu-
larité, ces notes paraissent pouvoir être interprétées sans beaucoup de diffi-
culté et devoir servir à augmenter les glossaires tironiens déjà connus.

Nᵒ 40 A. In-folio carré sur vélin. – Incipit historia Francorum
collecta a beato Gregorio turonensi episcopo. — XIᵉ SIÈCLE.

Donné au chapitre, en 1709, par M. de Senaux, évêque d'Autun. Ce manuscrit est incomplet. A la fin il y a quelques feuillets de comput et de l'ordre
pascal avec beaucoup de chiffres romains.

40 B. In-folio sur vélin. – A. M. Severini Boetii de musica.
— XIIᵉ SIÈCLE.

Beau manuscrit avec les figures en or et en couleur. Tous les chiffres sont
romains sans valeur de position : le nombre 4655, par exemple, est écrit ainsi :
IIIIDCLV. On trouve à la fin un fragment de deux feuillets sur la musique. Ce
volume a été acheté par le directeur du séminaire, il y a environ vingt ans.

41. Grand in-folio sur vélin. – Catholicon J. Balbi de Janua.
— XIVᵉ-XVᵉ SIÈCLE.

41 A. Grand in-folio sur vélin. – Liber coralis. — XVᵉ SIÈCLE.

Ce manuscrit est incomplet.

44. In-folio sur vélin. – Liber Psalmorum cum glossis ex
commentario. — XIVᵉ SIÈCLE.

45. In-folio sur vélin. – Expositiones librorum Regum. — XIᵉ
SIÈCLE.

Bien qu'ancien, ce manuscrit est rempli d'abréviations.

N° 46. In-folio sur vélin. – Nicolai de Lyra postillæ super quatuor evangelia. — XIVe SIÈCLE.

47. In-4° sur vélin. – B. Pauli epistola cum glossis. — XIIIe
SIÈCLE.

Il y a des initiales fort jolies.

48. Petit in-folio sur vélin. – Thomæ de Courcellis lectura
super epistolas Pauli et evangelium Johannis. — XVe SIÈCLE.

Ce manuscrit est cité dans le Voyage littéraire de deux religieux Bénédictins
(tom. I, part. 1re, p. 155).

49. Deux volumes in-folio sur papier. – Guillaud commenta-
rius in Novum Testamentum. — XVe SIÈCLE.

Tous les écrits de Guillaud qui se trouvent dans cette bibliothèque sont
autographes ; ils ont été presque tous imprimés (à Paris, de 1550 à 1562).
Le chanoine Guillaud légua ses livres au chapitre d'Autun. Son nom est écrit
parfois *Guilliand*.

50. In-folio sur papier. – 1° Sermones dominicales fratris de
Abbate fratrum Minorum. – 2° Sermones de religione christiana S. Bernardini ejusdem ordinis. — XVe SIÈCLE.

Au sujet de François de Abbate d'Asti, de l'ordre des frères Mineurs,
auteur de ces sermons, on peut consulter Mazzuchelli (*Gli Scrittori d'Italia*,
tom. I, part. 1re, p. 13-14). Les sermons de saint Bernardin ont été imprimés.

51. In-4° sur vélin. – Fratris Ferrarii sermones. — XIVe
SIÈCLE.

Incomplet. Le titre est moderne.

51 A. In-folio sur vélin. – Fundationes et anniversaria ecclesiæ
æduensis. — XVe-XVIe-XVIIe SIÈCLE.

51 B. In-4° sur papier. – Manuel des revenus de l'église de

Nostre-Dame du chastel d'Ostun (sic) pour les années 1566-1571. — XVIᵉ SIÈCLE.

Nᵒ 53. In-4ᵒ oblong sur vélin. – Sermones dominicales. — XIIIᵉ SIÈCLE.

Incomplet.

54. In-8ᵒ sur vélin. – Sermones dominicales et homiliæ. — XIVᵉ SIÈCLE.

55. In-folio sur vélin. –Petri Lombardi sententiarum libri IV. — XIVᵉ-XVᵉ SIÈCLE.

Incomplet.

55 A. In-folio sur vélin. –`Petri Lombardi sententiarum libri IV. — XIVᵉ SIÈCLE.

55 B. In-folio sur vélin. – Petri Lombardi sententiarum libri IV. — XIVᵉ SIÈCLE.

56. In-folio sur vélin. – S. Thomas de Aquino super quarto sententiarum. — XIVᵉ SIÈCLE.

56 A. In-folio sur vélin. –S. Thomas de Aquino super quarto sententiarum. — XIVᵉ SIÈCLE.

57. In-folio sur vélin. –S. Thomas de Aquino summa (prima pars tantum). — XIVᵉ SIÈCLE.

58. In-4ᵒ sur vélin. (Recueil.) – 1ᵒ Alberti de Brixia, ordinis prædicatorum, de officio sacerdotis. – Incipit : « Quoniam, « ut ait beatus Ieronimus, sacerdotis officium est respondere

« de lege. » — 2° Abbreviatio de secunda secundæ D. Thomæ.
— xvᵉ siècle.

Suivant Quétif et Echard (*Scriptores ordinis Prædicatorum*, tom. I, p. 526),
le traité d'Albert de Brescia serait inédit. A la fin de ce traité on lit ce qui
suit : « Explicit liber de officio sacerdotis compilatus a fratre Alberto de Bri-
« cia de ordine fratrum Prædicatorum, ex summa et libris questionibus et
« tractatibus S. Thomæ de Aquino de eodem ordine. Scriptus Parisiis per me
« Johannem Besson alias Lamberti in artibus magistrum. Parisiis, anno Do-
« mini 1454. » Avant la table, il y a huit vers relatifs aux préceptes du Dé-
calogue et de l'Église et aux sacrements.

N° 59. In-folio sur vélin. — 1° Fr. Alberti de Brixia ord. Prædi-
cat. de officio sacerdotum. — 2° Circa idem officium tractatus Hugonis cardinalis ejusdem ordinis. — xvᵉ siècle.

59 B. In-folio sur papier. — Registre des délibérations du Con-
seil épiscopal des années 1761-1763. — xviiiᵉ siècle.

59 c. In-folio sur papier. — Registre de la Chambre ecclésiastique du diocèse d'Autun pour l'année 1781. — xviiiᵉ
siècle.

59 D. In-folio sur papier. — Registre de la Chambre ecclésiastique du diocèse d'Autun pour les années 1667-1691. —
xviiiᵉ siècle.

60. In-folio sur vélin. — Horologium sapientiæ. — Incipit :
« Sentite de Domino in bonitate. » — xvᵉ siècle.

Ouvrage mystique du dominicain Henri Suso, dont les manuscrits sont
nombreux, et qui a été souvent imprimé et traduit.

60 *bis.* In-folio sur vélin. — Missale. — xvᵉ siècle.

Incomplet.

N° 61. In-folio sur papier. – La Tour de David, traduit de l'espagnol du P. Lemos. – Deux exercices dramatiques sur l'éternité de la félicité du ciel et sur l'éternité des peines de l'enfer. –– XVIIIe SIÈCLE.

62. In-4° sur vélin. – Manuale collectum de summa confessorum. –– XIVe-XVe SIÈCLE.

62 A. In-4° sur vélin. – Rituale æduense. –– XVe SIÈCLE.

63. In-8° sur vélin. – Liber sententiarum ex diversis voluminibus. –– XIVe SIÈCLE.

64. In-folio sur papier. – Guillaud (ut videtur), æduensis canonici, tractatus theologici. –– XVIe SIÈCLE.

64 bis. In-folio sur papier. – Lectiones de philosophia. –– XVIe SIÈCLE.

Ce manuscrit de peu d'importance commence à la cinquième leçon.

65. Quatre volumes in-4° sur papier. – (Excerpta theologica.) –– XVe SIÈCLE.

Ce sont des mélanges et des extraits sans valeur.

65 A. In-8° sur papier. – Rhetoricæ pars tertia, de locutione, a Dominico Segoillot. –– XVIIIe SIÈCLE.

C'est un cahier d'écolier, daté de 1785.

65 B. In-4° sur papier. – Lunizaloti de Vistorinis jurisconsulti et senatoris ducalis, oratio in consistorio ducali anno 1496 habita. –– XVIe SIÈCLE.

65 C. In-8° sur vélin. – Antiphonarium. –– XVIe SIÈCLE.

3.

N° 67. In-4° sur vélin. — Petri Comestoris historia scholastica evangelica et actuum apostolorum. — XIIIe-XIVe SIÈCLE.

67 A. In-folio sur vélin. — 1° Liber qui intitulatur magnus moralium liber (Aristotelis). — Incipit : « Quoniam eligimus « dicere de moralibus primum utique. » — 2° Liber politicorum (Aristotelis). — 3° Retorica (Aristotelis). — XIIIe SIÈCLE.

Ces traductions furent faites d'après le grec. A la fin du *Politicorum* on lit les mots suivants : « Reliquum hujus operis in greco nondum inveni. » Ce passage, comme l'a remarqué Jourdain dans ses Recherches critiques sur l'âge et l'origine des traductions latines d'Aristote (p. 195), se rencontre dans plusieurs manuscrits. Sur les gardes, il y a des *secrets* fort libres.

68. In-folio sur vélin. — Flores sanctorum editi per fratrem Ja. (Jacobum de Voragine) de ordine Prædicatorum. — XIVe SIÈCLE.

Incomplet à la fin.

68 A. In-4° sur vélin. — Flores sanctorum editi per fratrem Jacobum de Voragine ordinis Prædicatorum. — XIIIe SIÈCLE.

Incomplet.

69. In-folio sur vélin. — Liber miraculorum S. Ludovici episcopi. — XIVe-XVe SIÈCLE.

70. In-folio sur vélin. — 1° Ypocratis aphorismi cum commentario. — 2° Pronosticorum ejusdem cum commentario. — 3° G. (Galeni) Tegni cum comment. Haly. — XIVe SIÈCLE.

Sur les gardes il y a quelques fragments du Code de Justinien.

74. In-4° sur vélin. — 1° Sermones pœnitentiales. — 2° Chronica Martini Poloni. — XIVe-XVe SIÈCLE.

N° 75. In-4° sur papier. (Recueil.) – 1° Pogii florentini de infelicitate principum. – 2° Mafei Vegii de felicitate et miseria. – 3° Guarini veronensis de assentatoris et amici differentia ex Plutarcho. — XV° SIÈCLE.

76. In-4° sur papier. – (Recentioris et incogniti poetæ varia carmina.) — XVI° SIÈCLE.

> Ce manuscrit est détérioré au commencement. Les poésies n'offrent aucun intérêt : on y lit le nom de Jacques Billy.

76* In-4° sur papier. – (Recentioris poemata anonyma, cum quibusdam epistolis Pelletarii et aliorum.) — XVI° SIÈCLE.

> On remarque dans ce manuscrit des dates comprises entre 1525 et 1539. La signature de Jean Pelletier se trouve sur une des gardes. On lit dans ce volume la note suivante : « L'an 1525, le 3 de septembre jor de dimanche, « à trois heures après midi, fut faict tremblement de terre à Beaulieu et lieux « voisins, et le lendemain toute la journée grosse pluye avec tonnerre et « éclairs. » Les poésies sont autographes.

78. In-4° sur papier. – Joannis de Cuye orationes et poemata sacra, D. Gaye æduensi canonico dicata. — XVI° SIÈCLE.

79. In-8° sur papier. – Oratiuncula (J. Martel?). — XVI° SIÈCLE.

79 A. Deux volumes in-4° sur papier. – Prières diverses. — XVIII° SIÈCLE.

> Incomplet.

79 B. In-8° sur papier. – Physica experimentalis. — XVIII° SIÈCLE.

> Ce sont des cahiers d'écolier.

79 C. In-8° sur vélin. – Processionale æduense. — XV°-XVI° SIÈCLE.

Nᵒ 80. In-folio sur vélin. – Decretum Gratiani cum glossis. —
XIVᵉ SIÈCLE.

80 A. In-folio sur vélin. – Decretum Gratiani cum glossis.
— XIIIᵉ SIÈCLE.

81. In-folio sur vélin. – Summa canonum decretorum (cum
versibus memorativis). — XIVᵉ SIÈCLE.

82. In-folio sur vélin. – Libri quinque decretalium cum commentario. — XIVᵉ SIÈCLE.

83. In-folio sur vélin. – Apparatus Joh. Andreæ super sexto
decretalium. — XIVᵉ SIÈCLE.

     Avec de petites miniatures fort jolies.

83 A. In-folio sur papier et sur vélin. – Novella Joh. Andreæ
super libro primo decretalium. — XVᵉ SIÈCLE.

84. In-folio sur papier et sur vélin. – Novella Joh. Andreæ
super libro secundo decretalium. — XVᵉ SIÈCLE.

     Ce manuscrit porte la date de 1408.

85. In-folio sur papier et sur vélin. – Novella Joh. Andreæ
super libro tertio decretalium. — XVᵉ SIÈCLE.

     Volume aussi daté de 1408.

86. In-folio sur papier et sur vélin. – Novella Joh. Andreæ
super libro sexto decretalium. — XVᵉ SIÈCLE.

     Ce manuscrit porte la date de 1429.

87. In-folio sur papier et sur vélin. – Joh. Andreæ novellæ
super regulis juris. — XVᵉ SIÈCLE.

N° 89. In-folio sur vélin. – Joh. Andreæ apparatus in Clementinas.
— XIV° SIÈCLE.

Ces ouvrages de J. d'André ont été souvent imprimés.

90. In-folio sur vélin. – Extravagantes Johannis XXII cum
commentario. — XIV° SIÈCLE.

92. In-folio sur vélin. – Commentaria in quinque libros decretalium. — XIV° SIÈCLE.

93. In-folio sur vélin. – Super quinque libros decretalium
glossæ quatuor. — XIV°-XV° SIÈCLE.

94. In-folio sur vélin. – Henrici Voich (seu Boich) super
primo et sexto decretalium. – Incipit : « Venerabilibus et
« discretis viris doctoribus licentiatis et aliis scolaribus au-
« ditorium suum decretalium de mane. . . . . ineuntibus
« Henricus Bohic Leonensis diocesis in Britannia inter alios
« utriusque juris professores minimus cum sui recommen-
« datione salutem. » — XV° SIÈCLE.

Le commentaire sur le Sexte paraît inédit. On lit à la fin : « Hic est finis
« quem ille imposuit qui est omnium principium atque finis xxxv die ab
« exordio de suâ III et fide. In anno D. 1348 die jovis post octaba Epiphaniæ
« ejusdem cui pro infinitis beneficiis quæ mihi tribuit et specialiter pro eo
« quod non obstantibus mortalitate que in istis partibus malescit me per-
« duxit ad finem hujus operis perpetuas infinitas benedictiones gratias refero
« sicut possum : Cui cum Patre et Spiritu Sancto sit honor et gloria ab æterno
« et nunc , et per infinita secula seculorum. Amen. »

95. In-folio sur vélin. – Summa domini Henrici cardinalis
Hostiensis. — XV° SIÈCLE.

96. In-folio sur vélin. – 1° Liber decretalium Bonifacii VIII. –

2° Guillelmi de Mandagoto archidiaconi nemausensis libellus de electionibus faciendis. — xive siècle.

Ouvrages imprimés plusieurs fois. Sur Guillaume de Mandagoto, ou de Mandagozzo, on peut voir Fabricius. (*Bibliotheca latina mediæ et infimæ ætatis,* tom. III, p. 154.)

N° 97. In-4° sur vélin. – Casus breves decretalium. — xive siècle.

98. In-4° sur vélin. – Egidii de Foscariis, civis Bononiensis, de foro ecclesiastico. — xiiie-xive siècle.

Consultez le Voyage littéraire de deux religieux Bénédictins (t. I, part. 1re, p. 155-156). Ce traité d'un des plus célèbres jurisconsultes de l'école de Bologne, dont le véritable nom était *Foscarari,* paraît inédit. (Voyez Sarti, *De claris archigymnasii Bononiensis professoribus,* tom. I, p. 368-372; et Fantuzzi, *Scrittori bolognesi,* tom. III, p. 341-346.) C'est probablement le même ouvrage qui a été souvent cité sous ce titre : *De ordine judiciario in foro ecclesiastico.*

99. In-folio sur papier. – Officialitatis leges et statuta Æduensis civit. — xve-xvie siècle.

Incomplet. Sur les gardes on lit : *Chasseneu.*

99 A. In-8° sur vélin. – Preces piæ cum calendario. — xve siècle.

Avec miniatures.

99 c. In-4° sur vélin. – Livre des bonnes mœurs. — xve siècle.

Ouvrage mystique insignifiant.

99 d. Petit in-4° sur vélin. – Proprium sanctorum per annum. — xiiie siècle.

100. In-folio sur papier et sur vélin.– Bartholus super secundam partem Infortiat. — xve siècle.

Nº 101. In-folio sur vélin. – Codex Justiniani cum glossis (Novellæ novem libri priores). — XIVᵉ SIÈCLE.

Ce manuscrit a appartenu à Antoine Juis, official d'Autun au XVᵉ siècle.
Il porte sa signature.

101 A. In-folio sur vélin. – Terrier du prieuré de S.-Denis
en Vaux, fait par ordre de M. Gabriel de la Roquette,
évêque d'Autun, par Artus Bruneau, etc. — XVIIᵉ SIÈCLE.

101 B. In-folio sur papier et sur vélin. – Livre de la confrérie
du Saint-Sacrement d'Autun. — XVIIIᵉ SIÈCLE.

102. Trois volumes in-folio sur papier et sur vélin. – Lectura
Bartholomei de Saliceto in primum, tertium et octavum codicis Justiniani. — XVᵉ SIÈCLE.

105. In-folio sur papier. – Lectura Bartholomei de Saliceto
super quarto codicis. — XVᵉ SIÈCLE.

106. In-folio sur papier. – Lectura Bartholomei de Saliceto
super sexto codicis. — XVᵉ SIÈCLE.

Ces ouvrages de Barthélemi de Saliceto ont été imprimés.

107. In-4º carré sur vélin. – S. Augustini sermones super
psalmos. — VIIᵉ SIÈCLE.

Manuscrit en demi-onciale mérovingienne. L'écriture est régulière avec
très-peu d'abréviations : les mots sont rarement séparés. Les titres sont en
rouge. Il s'y trouve quelques notes marginales en écriture lombarde. Les
pages sont réglées à la pointe sèche : quelques feuillets sont d'un vélin très-
mince. On peut juger de l'orthographe d'après le passage suivant : « Neque
« detis inquit locum diabolo etenim si intravit et possedit adtende quia tu
« neglegegenter. » Sur la garde il y a un fragment de parchemin du Xᵉ siècle
où il est parlé d'Hérode, de Saturne, d'Alexandre, etc. Ce manuscrit, qui
commence au psaume 141 et se termine au psaume 148, est incomplet à

la fin et au milieu. Les marges sont coupées en divers endroits. Les Bénédictins, qui ont cité ce manuscrit, croyaient, en 1708, qu'il avait onze cents ans. (*Voyage littéraire de deux religieux Bénédictins*, tom. I, 1ʳᵉ partie, p. 151.)

N° 108. Grand in-folio sur vélin. – Missale æduense. — xvᵉ SIÈCLE.

Incomplet : il y a des miniatures. Donné par le cardinal Rolin.

108 A. Grand in-folio sur vélin. – Missale æduense. — xvᵉ SIÈCLE.

Donné par le cardinal Rolin. Le volume a de beaux encadrements.

109. Grand in-folio sur vélin. – Missale æduense. — xvᵉ SIÈCLE.

Donné par le cardinal Rolin.

110. In-folio sur vélin. – Missale æduense. — xvᵉ SIÈCLE.

Donné par le cardinal Rolin.

113. In-folio sur vélin. – Missale æduense. — xvᵉ SIÈCLE.

Incomplet. Il a été donné par le cardinal Rolin. Ce volume était orné de miniatures dont plusieurs ont été arrachées. On voit sur les gardes un fragment de lectionnaire dont l'écriture est du ixᵉ-xᵉ siècle.

114. In-folio sur vélin. – Missale æduense. — xvᵉ SIÈCLE.

Donné par le cardinal Rolin. Il y a des miniatures.

114 A. In-folio sur vélin. – Missale æduense. — xvᵉ SIÈCLE.

Donné par le cardinal Rolin. Incomplet : il y a quelques miniatures.

115. In-folio sur vélin. – Missale æduense. — xvᵉ SIÈCLE.

Donné par le cardinal Rolin. Incomplet.

116. In-folio sur vélin. – Missale æduense. — xvᵉ SIÈCLE.

Il y a des miniatures.

N° 117. In-folio sur vélin. – Missale æduense. — xvᵉ SIÈCLE.

Avec miniatures.

118. In-folio sur vélin. – Missale æduense. —xivᵉ SIÈCLE.

118 *bis.* In-folio sur vélin. – Missale æduense. — xvᵉ SIÈCLE.

Avec de petites miniatures. Donné à l'église d'Autun par le cardinal Rolin, qui l'acheta en 1475 pour la somme de trente-cinq francs (trigenta quinque francorum).

119. In-folio sur vélin. – Missale æduense. — xvᵉ SIÈCLE.

119 A. In-folio sur vélin. – Antiphonarium cum cantu. — xvᵉ SIÈCLE.

Incomplet.

120. In-folio sur vélin. – Missale æduense. — xvᵉ SIÈCLE.

121. In-folio sur vélin. – Missale æduense. — xivᵉ SIÈCLE.

123. Deux volumes in-folio sur vélin. – Missale æduense. — xvᵉ SIÈCLE.

Incomplet.

124. In-folio sur vélin. – Missale æduense. —xivᵉ-xvᵉ SIÈCLE.

C'est le second volume seulement.

125. In-4° sur vélin. – Missale romanum ad ritus æduenses accomodatum. — xiiᵉ, xiiiᵉ et xivᵉ SIÈCLE.

Les diverses parties de ce manuscrit incomplet ont été écrites à différentes époques.

126. In-4° sur vélin. – Missale æduense. — xvᵉ SIÈCLE.

4.

SÉMINAIRE D'AUTUN.

N° 127. In-4° sur vélin. – Epistolæ per annum. — xive siècle.

129. In-folio sur vélin. – Pontificale romanum. — xve siècle.

Ce manuscrit, orné de belles miniatures, a appartenu à Antoine de Châlon, évêque d'Autun, mort en 1500.

130. In-4° sur vélin. – Evangelia per annum. — xiie-xiiie siècle.

Ce manuscrit renferme quelques miniatures; il est incomplet à la fin.

131. Petit in-folio sur vélin. – Prosæ variæ, Epistolæ et Evangelia per annum. — xiiie siècle.

132. Petit in-folio sur vélin. – Collectarium æduense cum canone missæ. — xiiie siècle.

134. Grand in-folio sur vélin. – Missale æduense. — xve siècle.

Donné par le cardinal Rolin.

135. In-folio sur vélin. – Psalterium et lectionarium æduense. — xve siècle.

Incomplet. Donné par le cardinal Rolin, et décoré de ses armes.

136. Grand in-folio sur vélin. – Breviarium cum psalterio. — xive siècle.

138. In-folio sur vélin. – Psalterium æduense. — xive-xve siècle.

139. In-4° sur vélin. – Psalterium cluniacense. — xive siècle.

Ce manuscrit est brisé : il a été acquis récemment et paraît avoir appartenu à l'église de Saint-Marcel de Châlon.

SÉMINAIRE D'AUTUN.

N° 127. In-4° sur vélin. – Epistolæ per annum. — xive siècle.

N° 139 A. In-4° sur vélin. – Psalterium et rituale ad provinciam Lugdunensem accommodata. — XIVᵉ SIÈCLE.

Ce manuscrit paraît provenir de l'église de Saint-Andoche d'Autun.

139 B. In-4° sur vélin. – Sermones Cancellarii : pars estivalis. — XIIIᵉ-XIVᵉ SIÈCLE.

140. In-4° sur vélin. – Missale æduense. — XVᵉ SIÈCLE.

Incomplet.

143. In-folio sur vélin. – (Anniversaria benefactorum ecclesiæ æduensis ab anno 1209 ad annum 1380.) — XIIIᵉ-XIVᵉ SIÈCLE.

Il manque à ce manuscrit, intéressant pour l'histoire d'Autun, quatre jours du mois de novembre et les vingt-quatre derniers jours du mois de juin. Les cahiers de la fin sont transposés. Deux feuillets de garde sur vélin d'une écriture du IXᵉ siècle contiennent des matières ecclésiastiques; peut-être un commentaire sur quelques parties de la Bible.

143 A. In-folio sur papier. – Lectionarium. — XVIIᵉ SIÈCLE.

Ce manuscrit est incomplet.

143 B. In-folio sur vélin. – Missa pro pace (cum cantu et musica). — XIVᵉ SIÈCLE.

144. In-folio sur papier. – Catalogus ordinatorum a pontificatu Jacobi Hurault. — XVIᵉ SIÈCLE.

145. In-4° sur vélin. – Missale romanum. — XIIIᵉ-XIVᵉ SIÈCLE.

Les additions appartiennent au rite de l'église d'Autun.

146. In-4° sur vélin. – Missale ordinis fratrum minorum. — XIVᵉ SIÈCLE.

N° 146 A. In-folio sur vélin. – Biblia sacra (cum epist. S. Hieronymi ad Paulinum, etc.). — XIV° SIÈCLE.

148. In-folio sur vélin. – Antiphonarium et psalterium æduense cum cantu. — XV° SIÈCLE.

Incomplet. Donné par le cardinal Rolin.

148 *. In-folio sur vélin. – Antiphonarium et psalterium æduense cum cantu. — XV° SIÈCLE.

Donné par le cardinal Rolin.

148 A. In-folio sur papier. – Bartholomei de Saliceto lectura in codicem Justiniani (repetitæ prælectionis). — XV° SIÈCLE.

Incomplet. Cet ouvrage a été imprimé plusieurs fois.

148 A. In-folio sur vélin. – Antiphonarium et psalterium æduense cum cantu. — XV° SIÈCLE.

Donné par le cardinal Rolin.

150. In-folio sur vélin. – Antiphonarium æduense cum cantu. — XV° SIÈCLE.

Incomplet.

150. * Neuf volumes in-folio sur vélin. – Antiphonaria varia cum cantu. — XV°-XVI° SIÈCLE.

Ces volumes sont incomplets.

150 A. In-folio sur papier. – Antiphonarium cum cantu. — XVII° SIÈCLE.

151. In-folio sur vélin. – Antiphonarium cum cantu. — XV° SIÈCLE.

Incomplet.

Nº 151 *.. In - folio sur vélin. – Antiphonarium æduense cum cantu. —— XIIIᵉ SIÈCLE.

Ce volume contient le propre des saints.

151 A. In-folio sur vélin. – Antiphonarium æduense cum cantu. —— XIIIᵉ SIÈCLE.

Avec des additions du xvᵉ siècle. Ce volume contient le propre des saints.

152. In-folio sur papier. – Officium cantoris (cum cantu et musica). —— XVIᵉ SIÈCLE.

153. In-8º sur vélin. – Processionale æduense. —— xvᵉ-xviᵉ SIÈCLE.

X. In-4º sur vélin. – Ordinarius S. Symphoriani æduensis. —— XIIIᵉ SIÈCLE.

Incomplet.

Z. Petit in-4º sur vélin. – Processionale S. Martini æduensis. —— XIIIᵉ SIÈCLE.

Incomplet.

G III. In-4º sur vélin. (Recueil.) – 1º « In Christi nomine incipit « liber sentenciarum. De Caritate. Dominus dicit in Evange- « lio. » – 2º « Incipit dicta S. Hieronimi » (De cursu ecclesias- tico). – 3º « Incipit canon S. Silvestri et CCLXXXXIIII episco- « porum. » – 4º « Incipit liber Tobie » (abbreviatus). – 5º (Indictiones ad annos 850, 851, 852.) – 6º « Incipiunt in- « terrogationes : Quid ex Deo primum processit ? » – 7º « Ca- « pitula patrum traditionum suscepim̄ quomodo solemnis « ordo ecclesiae agetur quibus vel instructionibus kanon « ecclesiasticus decoratur. » – Incipit: « Germanus ep̄s parisius

« scripsit de missa. » – 8° Expositio in missa. – 9° (Vocabula-
rium.) –Incipit: « Baptizare hoc est. » –10° (Epistola Alcuini.)
–Incipit: « Filio carissimo Adoino presbitero. » —— IX° SIÈCLE.

Ce manuscrit, important pour l'histoire de la liturgie en France, provient
de Saint-Martin d'Autun. Le n° 7 a été publié par dom Martène d'après ce
texte (Voyez le *Thesaurus novus anecdotorum*, tom. V, col. 91-100; voyez aussi
le Voyage littéraire de deux religieux Bénédictins, tom. I, 1re partie, p. 159;
et l'Histoire littéraire de la France, tom. III, p. 312-316); mais le savant
bénédictin n'a pas donné en entier le commencement, que nous avons reproduit ici scrupuleusement. Le n° 9 est consacré à l'explication des mots
employés dans les cérémonies du baptême. Le n° 10 est incomplet.

FIN.

www.ingramcontent.com/pod-product-compliance
Lightning Source LLC
Chambersburg PA
CBHW060744280326
41934CB00010B/2351